수진아,
나 어떻게 해

박현조 시집

수진아,
나 어떻게 해

시인의 말

반백 년, 52년이란 세월을 말아 올리고
주고받은 메일의 글들을 모아서 시집을 엮었다.

이는 우리 가정사의 이야기만이 아니기에
우리 사는 이야기가 되는 것 같아 많은 학생들이
공유하기를 바라는 마음이다.

수진이는 형님네 친손녀, 예리한 작품평을 해서
시인의 가슴을 서늘하게 했다.

중2, 생각만 해도 눈시울이 뜨거워지는 꿈이 서린
그때, 그 세월을 다시 한 번 기억하게 해준 수진
이에게 고마운 마음이다.

수진이, 수진이 또래의 아이들에게 펼쳐지는 세계가
　무궁하게 발전되기를 기원하며 가족과 함께 찾는 별을
『수진아, 나 어떻게 해』로 가슴에 심었다.

수진이를 지도해 주는 가정의 어머니, 아버지,
학교 선생님께 진심으로 감사의 말씀을 드린다.

2015년 가을 백월산 자락에서
박현조

메일로 받은 축하글

@ 저는 2001년생 박수진, 박현조 시인님의 작은 손녀입니다.

이번 시집을 출판하시는 것에 같이 참여할 수 있어 정말 영광이고 기분 좋은 일이라고 생각합니다. 대한민국 평범한 중학생이 개인적으로 시집을 낸다는 것은 어떤 일보다 더욱 특별하고, 학창 시절을 빛내 줄 좋은 추억이 될 것 같습니다. 메일로 여러 시를 받아 보았는데 마음에 와 닿은 시가 많이 있었습니다. 나의 이야기, 내 친구들인 학생들의 이야기, 할아버지의 이야기, 할아버지의 친구들인 글과 자연, 손녀와의 이야기가 함께 섞여 시가 되고 시집이 되어 가는 것이 설레기도 합니다. 반백 년의 콜라보레이션(collaboration)은 흔한 일이 아닙니다.
  이 공동 작업이 글로, 책으로 남아 오래오래 간직되었으면 좋겠습니다.
—2015. 8. 7 수진이

@ 할아버지와 몸은 함께가 아니지만 메일로나마 논의를 하며 미리 읽었던 시집 《수진아, 나 어떻게 해》 중에 〈타임 슈즈〉라는 시가 있었다. 나는 현대의 삶을 살고 할아버지께서는 농사를 지으시며 자연과 살고 계시다.
학교 갔다 학원, 집에 오면 하루가 그렇게 끝난다. 현대 학생의 삶은 러닝머신 위에서 빠르게 달리고 있는 것 같다. 뛰어도 제자리이고 옆을 볼 시간도 적다. 부모님들의 기대와 재력을 안은 친구들은 더 빠른 러닝머신 위에서, 아주 좋은 신발과 코치를 두고 달린다. 나는 러닝머신을 바라지 않는다. 내가 할 수 있는 선 안에서 즐겁게 살고 싶다. 나이가 많아질수록 생각도 늘고 걱정도 는다. 지구의 평화만 걱정하면 되었던 때가 조금씩 보고 싶어진다.
—2015. 8. 15 수진이

@ 안녕하세요. 전 올해 수진이를 처음 만나 친구가 된 조효빈이라고 합니다. 학교에서 수진이의 말을 전해 듣고 시집을 읽어 보니 참 많은

게 느껴졌습니다. 우리나라가 가장 힘들었던 시기를 겪으시며 어머니의 마음을 아프게 행동하셨던…. 아마 지금의 저도 그 시절을 보내고 있는 것 같습니다. 수진이에게 얘기를 전해 들으며 수진이가 정말 부러웠습니다. 저는 할아버지 두 분 모두 일찍 돌아가셔서 할아버지의 사랑을 느껴 보지 못했는데 수진이는 이렇게 훌륭하신 분을 두어 많은 사랑을 받고 있구나. 그래서인지 수진이를 옆에서 지켜보면 많은 걸 배우게 되는 것 같아요. 수진이와 같이 응원해 드릴게요! 이렇게 좋은 글 써주셔서 감사합니다!

―수진이 친구 조효빈

@ 꿈 많고 아름다운 시절에 우리 수진이가 이런 좋은 추억을 만들 수 있어 선생님도 무척 기쁘다. 작은할아버지와의 멋진 동행이라 더 뜻 깊은 것 같아. 앞으로도 이처럼 수진이 앞에 멋지고, 새로운 세상이 함께하길 기도할게. 축하하고 사랑한다.

―정철어학원 원장 선생님 김현화

@ 생각이 글이 되고 글이 책이 되어 가는 여정이 수진이가 작은할아버지와의 멋진 여행을 하는 듯하여 흐뭇합니다! 끝까지 할아버지와 멋진

소통의 창을 계속 이어 가길 바랍니다.

  나이를 넘어 문학으로 소통하는 것이 좋은 경험을 하는 것 같아 너무 좋습니다. 수진이가 나이 들어 어른이 되어도 커다란 선물로 남을 듯하여 엄마로서 너무 행복합니다. 감사하고 사랑합니다.

—수진이 어머니 최지연

@ 당신의 열정은 오뉴월 뙤약볕보다 더 뜨거워 4대에 걸친 삶의 무게를 이기고 오늘에 오지 않았을까? 홍예문 지나 자유공원 오르니 옛 추억 새롭고 멀리 바다 안개 속에 옛 사랑도 묻혀 있어 시詩로 가슴에 꽃피우는 여유로움에 공감하고 그 꽃 오래오래 간직하시길….

  언제 바람 좋고 볕 좋은 날 막걸리 한잔 합시다.

—2015. 8. 27 친구 서정률

@ 영원히 아름다움이여! 반세기 만에 그대 목소리를 듣는 순간 철없던 젊은 시절의 추억이 마음속에 소용돌이치듯이 심장이 뛰는 것은 무슨 연유에서일까? 친구여! 오랜만일세.

  그 많은 세월 동안 얼마나 많은 시련, 고통, 좌절, 분노 등을 경험했겠는가?

  또한 성공과 긍지, 환희, 기쁨, 보람으로 오늘에 이르지 않았나?

아직도 건강한 목소리로 전화를 통해 만났다는 것이 얼마나 행복한지 모르겠네.

돌이켜보면 꿈 많았던 학창 시절 젊음을 만끽하면서 나름대로 열심히 그 시절을 보내지 않았던가? 오늘 친구의 글을 읽고 예전엔 몰랐던 많은 사연들이 마음을 아프게 하네….

그래도 자네는 우리 3학년 1반 영원한 대장인 반장이 아니었던가?

한 구절 한 구절 글을 읽는 순간 마음의 많은 감동과 손녀 수진이에 대한 지극한 사랑을 보았고 손녀와의 아름다운 시를 통한 만남은 자네를 결코 외롭지 않게 하겠다는 생각이 드네.

우리에게 주어진 의무는 무엇보다 행복해지는 것. 우리는 행복하기 위해서 이 세상에 왔지 않은가 말이네. 모든 것이 마음먹기 나름인 것을….

건강하고 행복하며 늘 마음의 평화가 있길 바라며, 새로운 시집 출간을 축하하네.

―2015. 8. 29 전 영일고등학교(서울 강서구) 교장 전양석

@이 세상 혈맥은 하나! 총성이 울리고 삼팔선이 만들어질 때 우리 형제는 홀어머니 등에 업히고 손에 이끌려 방공호에서 잠을 자고 돼지 막에서 잠을 자며 눈물 나는 피난 생활을 했다. 그 생활이 정착될 무렵 우리 형제의 보배 같은 소중한

어머니는 과로로 급하게 하늘나라로 가셨다.
 우리 형제는 전주 이씨 집성촌인 아늑한 산골 마을에서 어린 가슴에 푸른 꿈을 키우며 타향살이를 시작하였고 이씨 마을이라 아이들과 싸워 가며 자랐다.
 동생은 개구쟁이 쌈꾼이었다. 하지만 공부도 일등, 싸움도 일등, 노는 것도 일등인 소중한 동생을 믿으며 열심히 살았다.
 지금은 형제가 노년의 길을 같이 가고 있다. 우리 형제는 공무원 연금을 수령하며 제2막 인생길을 청양 솔밭 마을에서 새소리 풀벌레 멜로디에 젖어들며 그 옛날을 회상한다.
 지금은 시인의 길을 가지만 공무원 최고의 위치에서 수많은 업적과 지도력으로 대통령 표창도 받은 자랑스런 동생이고 이 세상 고귀한 혈맥은 하나, 소중한 동생이다.
 황혼 길을 같이 가야 하는 길목에서 고통과 험한 인생길을 감래한 우리 형제의 삶을 회고하고 자랑스런 동생의 소식을 담아 어머님께 편지를 썼다.
　－2015. 8. 29 부족한 형의 마지막 회고의 글, 형 박현구

@〈가난〉에서 느낄 수 있는 글귀의 오묘함이 독자로 하여금 수차례 재독再讀하며 여러 의미를, 나름 부여하는 재미를 갖게 하고 〈흠〉에선

짧지만 시인이 일생을 조금이나마 알 수 있게 해준 작품인 것 같습니다. 〈잔다리 빨래터〉의 첫 문구 "밤이면 별들은 바람을 안고 빨래를 한다" 이 부분이 특히 맘에 들어 수십 번 읽었던 것 같습니다. 어떻게 보면 낭만적이면서 또 전체적인 흐름으로 봤을 땐 현실적인 의미를 담고 있는 매력적인 글귀 같습니다.

또, 여러 작품들에서 어머님에 대한 향수를 표현하고 있는데 나름, 〈방황〉과 〈절벽에 매달린 야생화〉 이 두 작품이 독자가 특별하다고 느끼는 데엔 "훌륭한 아들 동 서기되는 것"에서 볼 수 있는 어머님의 크지 않은 아들에 대한 바람과 "아니야, 아직은 버틸 만해요, 어머니가 계신 산으로 갈게요, 조금만 기다리세요."에서의 아들의 어머님에 대한 절절한 그리움이 굳이 어렵게 이해하지 않고도 담담히 전해지는 것 같아 더욱 진실되게 다가오는 것 같습니다.

전체적인 시집의 맥락을 꼽아 보니 수진이에 대한 사랑, 작가의 일생, 어머님에 대한 그리움 이렇게 세 가지로 추려질 듯합니다. 기존 출판된 시집들의 형식에 맞추지 않고 종부終部에 산문 형식으로 풀어 써 내려간 글들이 시를 읽음에 있어서도 역주譯註와 같은 역할을 해주어 어려운 시구들도 쉽게 이해할 수 있게 도움을 주는 것 같습니다. 어떨 땐 시인이 노래하는 듯한, 또 다른 작품에선 할아버지께서 겨울날 화롯불에 둘러앉아 해주시던 옛이야기같이 한 편의 시집과 역사책을 동시에 읽은 듯한 느낌을 받았습니다.

─회사원 권만성

박현조 시집 수진아, 나 어떻게 해

차 례

▫ 시인의 말
▫ 메일로 받은 축하글_2015. 8. 7 수진이
_2015. 8. 15 수진이
_수진이 친구 조효빈
_정철어학원 원장 김현화
_수진이 어머니 최지연
_친구 서정률
_전 영일고등학교 교장 전양석
_형님 박현구
_회사원 권만성

제1부 내 가슴에 숨은 별

내 가슴에 숨은 별 ——— 21
수진이의 꽃 ——— 22
차마 부치지 못한 편지 ——— 23
사랑의 날개 ——— 24
사랑의 사시·1 ——— 25
사랑의 사시·2 ——— 26
벽을 넘어서 ——— 27
꽃다발 리뷰 ——— 28
개똥참외 꽃 ——— 29
중단발머리 ——— 30

수진아, 나 어떻게 해 박현조 시집

31 ── 잔다리 빨래터
32 ── 친구를 위한 기도
33 ── 네 나이 때·1
34 ── 네 나이 때·2
35 ── 어머니

제2부 꽃잎 바로 세우기

39 ── 내가 너라면·1
40 ── 내가 너라면·2
41 ── 내가 너라면·3
42 ── 책상
43 ── 꿈
44 ── 도시락
45 ── 시골 촌놈
46 ── 시계
47 ── 흠집
49 ── 방황
51 ── 물 위의 만남
52 ── 결핵의 붉은 꽃
53 ── 수진아, 나 어떻게 해
54 ── 꽃잎 바로 세우기
55 ── 어머니의 꽃

사랑의 빚쟁이 ——— 57

제3부 추억의 여행

신호등은 보는 사람만이 볼 수 있다 ——— 61
물방개 ——— 62
베스트 글러브 ——— 63
들깨 모를 심으러 가자 ——— 64
일일 소나무 ——— 66
출발 ——— 67
추억의 여행 ——— 68
노을 거미 ——— 69
가난 ——— 70
하얀 도화지 ——— 71

제4부 사랑의 숙제

사랑도 성적순인가 ——— 75
소나무의 옷 ——— 77
바람은 목소리를 그린다 ——— 78
박새의 산실 ——— 80
절벽에 매달린 야생화 ——— 81
모자 속의 청개구리 ——— 82

수진아, 나 어떻게 해　　　　　　　　　박현조 시집

83 ──── 논두렁 밭두렁 시화전
84 ──── 타임 슈즈
86 ──── 사랑의 숙제
87 ──── 머슴
88 ──── 달빛 동아리
89 ──── 사슴의 눈, 토끼의 귀
90 ──── 하늘에서 꽃이 필 때

제5부 책갈피 속의 사랑

93 ──── 사랑의 빛깔
94 ──── 개미의 집에
95 ──── 토끼털 귀 가리개
96 ──── 불빛 사랑
98 ──── 한여름 밤의 만남
99 ──── 꽃으로 오는 사람
100 ──── 사랑은 지켜야 사랑이다
102 ──── 달이 빵으로 보일 때
103 ──── 책갈피 속의 사랑
104 ──── 사랑의 밥
105 ──── 사랑의 진실
106 ──── 사랑의 샘
107 ──── 캠프파이어

박현조 시집 　　　　　수진아, 나 어떻게 해
　　　　　　　　　　　　　　차 례

가을 휘파람 ──── 108
자유공원 ──── 109
홍예문으로 가는 길 ──── 110
바람의 소리 ──── 111
귀농 ──── 112
나는 이렇게 살았다 ──── 113
연어들의 바다 ──── 115
불효불충 ──── 117

부록 소중한 메일

수진이 아빠 박준혁 ──── 123
시인의 장녀 박준아 ──── 123
수진이 조모 최희순 ──── 124
수진이 친조부 박현구 ──── 124
시인의 장남 박준규 ──── 125
자영업자 최광빈 ──── 125
연극배우 신석호 ──── 125
정시루 떡집 이정근 ──── 125
회사원 윤희철 ──── 126
광주은행 센터장 이은상 ──── 126
회사원 윤춘식 ──── 127

제1부 내 가슴에 숨은 별

내 가슴에 숨은 별

흔들리는 촛불을 사랑해 보았니
흔들리는 꽃잎을 사랑해 보았니
흔들리는 봄비를 사랑해 보았니

가슴에 내리는 하얀 눈송이
가슴에 내리는 친구의 눈동자
가슴에 내리는 사랑의 눈물을 삼키며,

밤하늘의 별들을 보아라
밤하늘의 별들의 그림자

별들의 별, 별똥별,

가슴에 별들이 찾아오지

내 가슴에 숨은 별,
난 그 별을 사랑하기로 했다.

수진이의 꽃

네가 품은 꿈
꽃이 되는 것

네가 커서 교사가 되고 싶다고 했지
너는 영리해서 훌륭한 선생님이 될 거야

수진이가 보인다

리뷰를 남겨 준
중단발머리 소녀

꽃이 되어 보인다.

차마 부치지 못한 편지

싱그러운 젊음을 감추고 싶었던 시절,
차마, 들킬 것만 같은 나의 편지를
부치지 못하고 이렇게 책으로 엮는다

이 책을 너희 친구들이랑
둘러앉아 깔깔 웃으며
읽어 주지 않겠니?

사랑의 날개

사랑하면
날개가 달린다

앉아 있어도
하늘을 나는

날개가 달린다

파란 하늘을
훨훨 날아가는

날개가 달린다.

사랑의 사시斜視 · 1

사랑은
눈빛으로 온다

눈가에
총총한 불을 켜고

별빛으로
찾아든다

눈빛으로
책을 읽고

눈빛으로
세상을 밝힌다.

사랑의 사시 斜視 · 2

그래, 나는 그렇게
살았다

사랑이 그리워 울었고
사랑이 그리워 웃었다

사랑해서 태어났고
사랑해서 헤어졌다

그래, 나는 그렇게
살았다

사랑의 사시가 되어
앞을 볼 수가 없다

외로운 청춘을
그래, 그렇게,

그래, 그래,
그렇게 살았다.

벽을 넘어서

아무리 두터운 벽도
진정한 사랑 앞에 서면
무너진다

나는 그런 사랑을
못해 봐서

수진이에게 부탁한다

시간의 벽도 넘어 달라고,

6·25전쟁의 아픔,
그건 우리 민족의 크나큰
벽이었다

남북 이념 전쟁,
그 벽을 언젠가는
넘어야 한다.

꽃다발 리뷰

나의 외로운 영혼의 시집에
꼬리를 달아 준 수진이

중2
나도 그 푸른 하늘이
있었지

후회 없는
추억을 만들어 가지 않겠니?

개똥참외 꽃

쓰레기를 딛고 일어선
개똥참외 보았는가

쓰레기는 나의 분신,
내 몸의 부스러기

그 쓰레기를 딛고
꽃을 피우는 나의 분신
인간 쓰레기를 나는 사랑한다

쓰레기를 딛고 일어선 꽃이여!
나는 그대에게 반하노라
나도 쓰레기처럼 검은 마음을 삭히어 숙성되게 하소서!

언젠가는 저 개똥참외처럼 살아갈 날이 있을 거라고 나 스스로 안위해 본다.

중단발머리

와~
수진이는 내 마음을 아나 봐

학생들 연극하는 장면
친구들 사진
삼촌 아이들

내가 보고 싶은 것을
모두 전해 주지

그래
그렇게 자주 소식 좀 주려무나

모두가 내가 쓰는 시가 될 거야
아마 그것은 수진이의 중단발머리에서
나온 생각일 거야.

잔다리 빨래터

밤이면 별들은 바람을 안고 빨래를 한다
빨아도 빨아도 지워지지 않는

세월의 땟국

미완의 빨래를 한다.

※잔다리: 충청남도 청양군 화성면에 있는 마을 이름

친구를 위한 기도

봄비 오는 소리를 듣게 하소서!
얼어붙은 대지를 촉촉이 적셔
가슴을 보이는 어린 생명을
사랑하게 하소서!

솜털처럼 보드랍게 내려앉는
봄의 꽃잎 오는 소리를 듣게 하소서!
어른들의 세상은 바람처럼 울고 있습니다

봄볕처럼 따뜻한 미소가
사랑스런 아이들의 입김으로
불게 하소서!

네 나이 때·1

네 나이 때,

나는
북한에서 소식이 없는 아버지를 그리워하며
성냥 장사 행상으로 늦도록 집에 오시지 않는
어머니를 생각하면서

나는
통학으로 왕복 3시간 걸리는 학교에서 돌아오면
배고파 울고 싶을 때,

나는
하늘의 별을 보고
내 별을 찾았지

저 하늘 내 별은
어디에 있을까?

네 나이 때 · 2

학교에서 돌아오면
나는 밤낮으로 산에 올랐다
산에는 연료가 있었다

내가 살아갈 연료,

삶을 지향하는 연료,

방으로 돌아오면 책을 읽었다

이 모두가

살아가는 연료를

충전하기 위해서이다.

어머니

네 나이 때,
어머니는 누덕누덕 기운 하얀 무명저고리에
앞치마를 두르고 쪽 지은 머리에 하얀 성냥 보따리를 이고
눈보라를 끌며 동네 어귀에 오실 때,

나는
산비탈 언덕에서 어머니를 기다리다가 잠이 들어 그대로,
눈으로 덮여 땅으로 꺼져 들어갈 때,

어머니는 따뜻한 가슴으로 끌어안으며
뜨거운 눈물로 잠을 깨우셨지.

제2부 꽃잎 바로 세우기

내가 너라면 · 1

사랑이 메말라 암혹에서 헤매는 친구에게
홀로 서기 위하여 버팀목이 되겠다
그것도 나를 희생하면서 말이다

잘못된 사랑으로 가슴앓이하는 아이들,
한 부모 가정에서 외로운 아이들,
부모 없는 아이들,
가난으로 버림받은 아이들….

모두가 우리의 친구들이다
그들의 불행을 생각하면서
언제나 하늘의 별을 본다.

내가 너라면 · 2

내가
너라면

흘러가는
세월을 세고

출렁이는
가슴을 열고

살아가는 이야기
진실한 체취를

일기로
쓰겠다.

내가 너라면 · 3

우리가 사는 시간은
살아 있는 모든 것을 삼키고
심지어 흙과 물까지도 삼킨단다

하지만
진리의 영혼은 삼키지 못한단다

내가 너라면
진리의 영혼의 지도자를
스승으로 모시겠다

스승이 없는 자는 뿌리 없는 나무같이
나약한 땅 위의 낙오자가 된단다

진리의 영혼의 지도자
예수님, 석가모니 같은 성인의 종교를 가슴에
두었으면 한단다.

책상

책상은 따로 없었다
밥을 먹으면 밥상
책을 보면 책상이다

책은 엎드려
땅을 보며 읽었지.

꿈

어머니의 꿈과
나의 꿈

어머니는 나를
동사무소 서기(직원)가 되라고 했지

나는 은근히 정규교육을 받지 않고도 대성한
영국의 윌리엄 셰익스피어 같은 시인이 되고
싶었지

나는 어른이 되어
동사무소 동장을 했지

그리고 무명의
시인이 되었지.

도시락

어머니의 정성과 눈물로 담아 준
나의 도시락

김치와 꽁보리밥이 섞이어
가방에서 시뻘건 눈물을 흘리고 있었지

김치 국물에 젖은 책들,
어머니의 가슴으로 흘린 눈물로
범벅이 된 나의 가방, 나의 책들,
나의 도시락….

시골 촌놈

어머니는 시내에서 떡장사를 하시다가
살아갈 집이 없어 걸어서, 걸어 나온 곳이
시골 촌동네 구룡마을 곁방※을 얻어 살게 된 것이
내가 시골 촌놈이 된 거지

시골 촌놈이 시내 학교에서 네 나이 때, 중2
나는 반장을 했지.

※곁방: 농촌에서 세를 내지 않고 주인집 농사일을 돌봐 주며
  얻은 빈 방

시계

학교 다닐 때
시계가 없었지

닭이 세 번 울면 날이 밝았고
샛별을 보고 어머니는 밥을 지으셨지

이웃집 학생이 학교 가자는
소리를 해야 시간을 알았지.

흠집

흠집이란 말을 들어 보았는지
흠집 난 사과, 흠집 난 인생,
난 뭐, 그런 거라고 생각하지 않았지

내 얼굴에 큰 상처를 내놓고 살았지
눈언저리라 수술도 불가능한 상처
그거 말이야, 내놓고 살았지

아주 바보처럼 그래도 사회생활에서
뒤처지지 않고 얼굴에 장애를 안고
마음에 상처를 만든 적은 있지만
다행히도 시력이 나빠져서
난시 안경테를 굵게 사용하지

부모님의 불행을 안고 살았지만
부모님을 원망하지 않았으며
나 자신이 장애가 있지만 한 번도
불행하다고 생각하지 않아

공직에서 얻은 병, 퇴직하고 정계에 입문하였
다가
모두 내려놓고 암 수술 후 요양을 해야 하지만
나는 아파트 관리원으로 일하고 있지

그것을 부끄럽거나 힘들다고 생각하지 않아
책을 읽고, 글을 쓰고 하는 것은 뒷일이야
현실에서 일하고, 농사를 지으면서 세월의 빨
래를 하는 거지.

방황

너라면 어떻게 하였을까
어머니는 48세
나는 18세, 고3

이 세상 누구와도 바꿀 수 없는 하늘 같은
어머니 한 분,

내 곁을 떠나
하늘에 집을 지으신 어머니,

생전에 고생만 하신
어머니

북에 계신 아버지를 기다리다가
장독대 위에 정화수 떠놓고 군에 간
형님을 기다리신 어머니

훌륭한 아들, 동 서기 되는 것
보신다던 어머니

끝내 나를 방황하게 하신 어머니

나는 그냥 어머니 환상에 젖어
한동안 목 놓아 울곤 했지.

물 위의 만남

1940년대 후반과
2000년대 초반의
물 위의 만남

수진이는 반백 년 전에
이 세상에 없었고
나는 반백 년 후에
이 세상에 없을 것이다

물은 이렇게 시대를 먹고
우리를 키우고
우리를 먹어 치운다

물은 언제나 우리의 동반자이지만
때로는 우리를 위협한다.

결핵의 붉은 꽃

중2,

나는 폐결핵을 앓고 있었지

삶에 지쳐서

어머니나 나는 폐가 나쁘다는 말을 듣고
치료를 하지 않은 거야,

기침을 달고 살면서 말이야,

그것이
고3,
군에서도
내 이십대 청춘을

모두 갉아먹었지.

수진아, 나 어떻게 해

수진아,
나,
어떻게 해

싱그러운 젊음을 불태우며
바다가 타고 있어

혀를 날름거리며
바다가 탄다

저녁노을 햇덩이처럼
바다가 타고 있어.

꽃잎 바로 세우기

아름다운 꽃잎의 얼굴을 보았니
아름다운 노을의 얼굴을 보았니
아름다운 사랑의 얼굴을 보았니

아름다운 사랑, 사랑이
내 곁에 영원히 머무르게
내 가슴에 꽃잎을 바로 세운다

꽃잎이 시들지 않게
나는 꽃잎을 가슴에,
가슴 깊이 심는다.

어머니의 꽃

산허리 옹벽을 뚫고
꽃을 피우는 야생화,

나는 그만 울고 말았네,

저,
야생화는 어머니 같은 꽃이야,

저 천 길 낭떠러지 옹벽에서
뿌리를 내리는 이름 모를 야생화,

나는 그렇게 살아가기로 했지
어떠한 어려움이
내 앞을 가로막아도

나는 그 길을
어머니처럼

저,

야생화처럼

꽃을 피우기로 했지.

사랑의 빚쟁이

사랑을 받기만 했던
나는 빚쟁이

기대어 섰던 사랑의 버팀목을
내 이웃에게 바꾸어 주기로 했지

나보다 더 불행한 이웃에게
홀로 설 수 있도록 어머니의
깊은 사랑을 나누어 주기로 했지.

제3부 추억의 여행

신호등은 보는 사람만이 볼 수 있다

하늘의 신호등,
우리들의 좌표는 언제나
우리를 기다린다

우리들의 삶의 신호등은
둥근달처럼 하늘에 달려 있지만
바라보는 사람만이 볼 수 있다

나는 눈을 뜬 장애인,
눈을 뜨고도 내 인생의 신호등을
보지 못해 지금도 헤매고 있다.

물방개

물 위를 걷는 소년아
물 위의 그림자도 밟지 마라

소년은 물과 같아서
밟는 대로 들어가고

소년은 그림자와 같아서
보는 대로 물이 든다

진흙에서 피어나는 연꽃을 보아라

달빛을 모아 세운 꽃잎에 둥근 얼굴을 그리고
물 위에 집을 짓는 연꽃 사이로 물방개가 춤을
춘다.

베스트 글러브

  50년대 전쟁을 한 몸으로 받으며 고된 삶을
  행상으로 이어 오신 어머니의 일생 48년,
  혹한의 어둠을 오직 털실 장갑 한 켤레,
  유품으로 내 가슴에서 숨을 죽인다

  인생의 사각 링에서 쓰러졌다 다시 일어서기를
  수백 번, 그래도 삶을 포기하지 않고 자식들이
성장하도록
  끈을 놓지 않으신 어머니, 그리움도 사치라고
  그리움을 잊고 사시며 몽유병 환자처럼 아버지
를 찾던 어머니,
  어머니의 인생의 장갑, 베스트 글러브를 찬양
합니다.

들깨 모를 심으러 가자

수진아, 같은 반 아이들아,
또래의 아이들아,
모두 모여라

지금은 남과 북, 굳은 땅에
비가 내린다

남과 북 우리의 아이들,
우리를 기다린다

들기름처럼 고소한
우리의 우정, 사랑, 평화가
우리를 기다린다

우리 모두 한 줌씩 가슴에 안고
들깨 모를 심어 보자

우리들처럼 들깨 모가 자란다

들기름 나물에 듬뿍 담아
들기름 비빔밥을 나누어 먹자
평화의 밥을 먹자

우리 모두 손을 잡아 보자
한솥에 비빈 들기름 나물밥을 먹어 보자

수진아, 수진이 또래의 아이들아,
우리들은 모른다

전쟁도, 정치도, 그 무엇도
우리들은 모른다

우리들의 손을 잡고
평화의 동산에 들깨 모를 심어 보자

들기름 고소한
평화의 노래를 부르자.

일일 소나무

시집 원고 송부 11일째,
일일 소나무라고 이름 지었다

11(일일)은 둘이 아니라
1(일)은 '나란히' 란 속뜻을 품어 주었다
또래들과 나란히 나란히 나무를 심는 것이다

솔밭에 내린 솔 씨가 아가 소나무를 싹 틔운다
나는 아가 소나무를 꽃삽으로 포대기처럼 감싸고
살짝 떠서 양지바르고 앞이 잘 보이는 정원 앞에
옮겨 주었다

소나무가 무럭무럭 자라서 우리들의 기둥이 되고
우리들의 우산이 되고, 우리들의 희망이 될 것이다

수진이는 그렇게 할 수 있지?

출발

수진아,
우리가 출발한 것은
문학은 과학이 아니라는 것쯤 알고
시작한 것이니

출발은 그리 어렵잖게
큰 부산을 떨지 않고 길을 떠났지만
우리가 가는 길은 그리 녹록지 않은 길이란다

보통 사람들이 책을 한 권 낸다는 것은
일생을 통해 한번 있을까 할 정도이니
우리가 당찬 감행을 한 것이지

아직도 멀고 큰 산을 넘어야만 한다.

추억의 여행

수진아, 사랑하는 내 손녀야!
중2, 네가 내 글을 읽고 이해한다니
나는 얼마나 기쁜 줄 모른단다

너와 나 사이, 반백 년 이상 넓은 세계에서
우리가 소통할 수 있다는 것은 크나큰 영광이란다

그런, 너를 더욱 사랑하고 싶단다
네가 내 말을 이해하고 읽어 주고
친구들과 이야기 나누는 것이
내가 글을 쓰는 데 힘이 된단다

수진아, 부디 끝까지 지켜봐 주고
읽어 봐 주기 바란다

수진이에게 추억의 여행을 만들어 주고 싶다
너와 쓰는 글이 50년 뒤에 수진이의 후세에게
이야깃거리가 되지 않겠니.

노을 거미

황금빛 물들은 노을 그네를
출렁이는 서해안 바닷가 외딴섬에
걸어 놓고

노란 노을 거미 한 마리
노을 나뭇가지 위에서
가도 가도 다시 오는
그네를 탄다.

가난

가마솥에
별을 넣고
물을 데우면

그대로
별이 남는다

그 별을 가슴에 안고
나는 잠이 들었네.

하얀 도화지

나는 이미
시커먼 먹칠한 도화지지만

새로 주문한 하얀
도화지 한 장을
수진이에게 주고 싶다

그 도화지에 마음껏 새로운
그림을 그려 보렴.

제4부 사랑의 숙제

사랑도 성적순인가

민낯으로 사랑하라
나는 하나, 고귀한 하나,
이 세상에 태어날 때부터
나의 상표는 하나다

나의 이미지를 사랑하고,
나의 무능함을 사랑하고,
나의 꽃을 사랑하라

꽃은 서열이 없다
그저, 꽃으로 감사하라

언제나 행복한 것도
언제나 불행한 것도
아니다

찬 이슬 먹고
꽃을 피우는
구절초를 보아라

창가에 고개를 내밀고 오늘도
웃고 있지 않은가.

소나무의 옷

늘 푸른 소나무의 옷
소나무는 봄이면 옷을 갈아입는다
묵은 가지의 솔잎을 털어 내리고 새순,
새로운 옷으로 갈아입는다

산다는 것은 새로운 창조이다
오늘과 다른 내일을 만들어 가는 것이다.

바람은 목소리를 그린다

아버지, 어머니와 찍은 사진 한 장 없이
어린 내 그림은 지나가 버렸다
외길 북으로 떠난 아버지의 흔적은 더더욱 보이지 않고
오직 어머니의 도민증에 붙은 동태 장사 얼은 담벼락 사진 한 장,

그 담벼락에 어머니의 목소리가 새겨져 있다
그 담벼락을 나는 A4용지에 그려 넣고 있다
긴긴 여름 뜨거운 입김으로 바람이 일어난다

어머니의 목소리 담은 바람 소리,
지친 어머니의 가위눌림, 허기진 눈동자, 가래 끓는 소리,
배내똥 같은 배설물, 그것은 어머니의 낯익은 숨소리,
자식을 부르는 마지막 목소리,

차마 어린 새끼를 허허벌판

세상에 두고 떠나야 하는
어미의 심정이 물씬 배어 나오는
솔밭 나뭇가지 사이로 어머니의 목소리가 들린다.

박새의 산실產室

 일가친척 없는 타향에서 어린 아내는 출산의 두려움으로 인천에 있는 친정어머니를 찾아 출산했건만 먼 객지에서 근무하는 남편이 곁에 없다고 훌쩍이던 아내, 아내의 울음소리가 우체통을 울린다 산통의 신음 소리를 들으며 잠 못 이루던 밤, 새로 태어난 아가의 환호 소리 세상을 흔들 때, 모든 아픔도 잊을 수 있었다 우체통을 비집고 박새의 새 가족이 몸을 푸는 경사, 외로운 솔밭 산속 우체통이 야단법석이다 아이들의 울음소리 솔밭 숲을 흔든다.

절벽에 매달린 야생화

 허공에 매달려 '살려 달라고' 기도하다가 차라리 나도 데려가 달라고 떼를 쓰던 그런 시절이 왜 그리 초라할까, 아버지는 빨갱이들과 북으로 떠나고 어머니는 포탄 비 내리는 고랑포를 떠나 인천 부둣가에서 절벽을 만났지만 하늘에는 길이 있다고 하늘 향해 목숨을 구걸하며 행상하시던 젊은 어머니, 높은 산으로 올라가셨다 나는 어머니가 흘린 눈물을 주워 담으며 절벽을 오르고 있었다 내려갈 수도 올라갈 수도 없는 어정쩡한 거리에서 멀리 야생화를 바라보고 있었다 바람이 불기 시작한다 "거기는 위험해, 차라리 내려와라." 어머니의 낯익은 목소리다 하늘에서는 손짓한다 "조금만 더 오르면 절벽 위에 살기 좋은 곳이야."
 "아녜요. 아직은 버틸 만해요. 어머니가 계신 산으로 갈게요. 조금만 기다리세요."

모자 속의 청개구리

여름 낮 풀지게를 내려놓고
잠이 들던 유년 시절을 알려준 청개구리,

청개구리는 벗어 놓은 귀농 모자에서 잠을 자다가
그대로 밭으로 나간다

나를 따라다니는 젊음의 아픔,
그것은 모자 속의 여인처럼
언제나 그리움을 안겨 준다.

논두렁 밭두렁 시화전

뜨거운 농민의 눈빛으로 젖어드는
논두렁 밭두렁,

낮에는 논밭 거미처럼 집을 짓고
밤에는 붉은 하늘 별빛처럼 시를 읊는다.

타임 슈즈(time shoes)

빛의 시대, 짚신의 시대,
짐승의 등가죽을 벗긴 가죽을 밟고 다니면서

아무렇지도 않은 아찔한 시대,
우리는 언제까지 시대에 무감각해야 되는가,
발에 빛을 달고 하늘을 날을 수는 없을까,

나는 발에 모터를 단다
왜 자동차에만 모터를 다는가,
내 발 아래 모터를 달고 걷는다

누군가 반가운 기다림과의 만남을 위해서
스마트폰보다 빠르게 걷는다

봄볕이 새로운 신을 신는다 봄은 온몸의 비듬을 벗기고 신을 늘린다 임진왜란 이후의 민족의 아픔, 기쁨의 재회를 기다리는 사람들, 꼭 만나야만 하는 우리의 손님, 형제들, 전쟁의 일 이 삼 사 차 피해자 가족들, 왜 우리는 시대의 신발을 신지 않는가 우리는, 우리가, 우리의 신을 신어야 한다 우리의 반가운 손님을 맞이하기 위해 우리는 새로운 신을 신고 남북 전쟁의 아픔을 거두고, 새로운 봄을 맞이해야 하지 않겠는가.

사랑의 숙제

사랑은 영원한 숙제입니다
그건 사랑하는 사람만이 알기 때문입니다

수족관의 구피 가족들의 밀어密語,
우리는 그들을 바라볼 뿐입니다

그리고 그들의 소중한 시간을
인정해 주어야 합니다

정답이 없는 사랑이지만
사랑은 언제나 영원히 존재합니다.

머슴

남의 집
허드렛일을 돌봐 주는 사람

나는
지금 아파트 관리인
아파트 머슴이란다

수진이는
나라의 머슴
나랏일을 하는
일꾼이 되어야지.

달빛 동아리

달빛을 받으며
공부하는 아이들,
춤을 추는 아이들,
사랑하는 아이들,

모두가 모여
달빛 동아리를 만든다

고독도, 지옥도, 고통도 없는
여기는 달빛 동아리,
꿈의 아이들.

사슴의 눈, 토끼의 귀

어린 꽃사슴의 눈을 닮아라
그러면 아이의 마음을 볼 수 있을 것이다

어린 토끼의 귀를 닮아라
그러면 어른의 마음을 들을 수 있을 것이다

아이의 선한 마음으로
어른의 어진 마음으로
아침은 다시 밝아 올 것이다

나는 동경한다 어린 꽃사슴의 눈을
어린 토끼의 커다란 귀를 사랑한다.

하늘에서 꽃이 필 때

하늘이 열리는 아침
구름 꽃이 몰려온다

고구마 꽃을 보았다고
아내는 좋아했는데

고구마 꽃보다 더 해맑은
하늘 꽃이 피었다

아마도,
북에 간 아버지
무슨 좋은 소식이라도
있는 것은 아닐까.

제5부 책갈피 속의 사랑

사랑의 빛깔

사랑은 투명색이다
하나도 걸치지 않은
투명색,

나는 그것을 보았다

사랑의 빛깔.

개미의 집에

개미의 집에는 나의 영혼이
잠들어 나를 기다린다

개미의 집에는 하늘빛 호수를 가르고
풀잎 색깔의 오두막을 물 위에 띄우고 있다

개미의 집에는 별처럼 반짝반짝 빛나는
금빛 모자를 하늘에 날리고 있다

개미의 집에는 아직도 허술한 나의 영혼이 기웃거리고
나머지는 아이들의 몫, 나는 하늘을 날고 싶다.

토끼털 귀 가리개

왜, 지금은 춥지 않을까
손이 터지고, 발이 터지던
추위는 어디로 갔을까

입지도 먹지도 못해 추웠던 것일까
외로운 찬바람이 우리의 어린 시절
가까이 들러붙어 얄궂게 하던 추위,
토끼털 귀 가리개가 보이지 않는다.

불빛 사랑

친구야,
내 한쪽 어깨를 비워 두었어

내 한쪽 어깨에는 불빛,
내 한쪽 어깨에는 사랑,

나는 언제나 등대 같은 불빛을 달고
사랑하는 친구의 어깨가 되어 줄게

친구야,
네가 딛고 있는 지금 그 자리는
살얼음 같은 수렁이야,

아주 약한 그 자리에서 나와
내 어깨에 손을 얹고 나와 함께 가자

내 마음에 상처로 얼룩진 아픈 곳은
건드리지 말고 내 어깨에 손을 얹어 봐

내 텅 빈 등대 불빛 같은 뜨거운 어깨에
사랑하는 꽃이 되어 다오.

한여름 밤의 만남

한여름 밤에는
잠을 이룰 수가 없다

풀벌레들의 은밀한 언어
밤하늘의 무수한 별들

모래밭 물들의 만남

바다는 잠들지 않고
밤을 즐기고 있다.

꽃으로 오는 사람

가을에 오는 사람은
꽃으로 온다

하얀 꽃신을 신고
구름처럼 온다

솔밭에 하얀 옷을 입고
꽃으로 온다.

사랑은 지켜야 사랑이다

사랑도 지킴이인가

나를 지탱해 준 꽃들,
사랑하는 사람들,

사랑은 지켜야 사랑이다

기다리지 못하면 꽃이 아니다

6·25전쟁 후 피난 나온 그 자리에 묻어 둔 사랑,
그 사랑은 우리 가족을 지키고 있다

우리 가슴에 서린 한을 그대로 지키고 있다
빈집이 아니다

장독 속에 숨겨 놓은 우리의 영혼,
흐느낌, 그대로 간직하고

격전지 장단 고랑포의 임진강 물을

흥건히 마시고 있다

가시덤불 속을 비집고
앵두나무, 살구꽃이 고개를 내민다.

달이 빵으로 보일 때

달이 빵처럼
둥글게 잘생겼다고
누군가 조금씩 잘라 먹는다

달이 빵처럼 보일 때
달을 도둑질하고 싶었지

빵이라도 배불리 먹어야 하지 않을까
사는 것이 모두 배를 채우기 위해서
사는 것은 아닌지.

책갈피 속의 사랑

책갈피 속에는
사랑하는 사람이 숨어 있다

어머니의 숨결
사랑하는 친구의 믿음
사랑하는 친구의 희망
사랑하는 친구의 고백
사랑하는 친구의 얼굴

나는 숨은 사랑을 엿본다
책갈피를 넘기면서
불어오는 희망의 바람을
가슴으로 안으며

허브 꽃잎을 살며시
묻어 둔다.

사랑의 밥

허브 꽃잎을
밥으로 먹는다

사랑은 먹으면서
성장한다

사랑의 향을
바르고

사랑의 근육을
늘리고

사랑의 숨결을
마신다.

사랑의 진실

사랑은 가면을 쓰지 않는다
거짓된 사랑은
사랑이 아니다

오직 민낯의 얼굴이다
민낯의 얼굴,

장미꽃을 보아라
화장하지 않아도
아름답지 않은가.

사랑의 샘

사막의 오아시스
사랑은 신선한
샘처럼 솟는다

사랑의 숨구멍을
막지 마라
그 누구도 사랑의 샘을
막을 수는 없다

비단결처럼 부드럽고
천사같이 아름다운 사랑은
항상 나를 지켜 준다.

캠프파이어

폭죽처럼 빛나는
달빛 동아리

캠프파이어에
누가 불을 댕기겠는가

세상을 밝히는
캠프파이어,

수진이는
할 수 있지.

가을 휘파람

가을의
낙엽은

휘파람을
분다

살다가
살다가

힘든 일
잊고

즐겁게
즐겁게

살았다고
휘파람을 분다.

자유공원

나뭇가지 위에서 시원한 분수가 솟는다
저토록 맑고 깨끗하게 매미가 뿜어내는 소리의 분수,
여름의 햇볕보다 뜨거운 삶의 길을 걷다가
아득한 사막의 모래언덕을 걷다가
몸에 묻은 삶의 때, 마음에 묻은 좌절의 어둠,
저 시원한 소리의 분수로 맑게 씻어 주는 자유공원의 꿈.

홍예문虹霓門으로 가는 길

　선조들의 입김이 서린 화강암 목마른 웃터골 오포산 기슭,
　무지개 문이 열리면 빛을 찾는 사람들이
　새벽을 열어 만국공원으로 달려가고
　청일 조계지로 떠나는 사람들, 사람들,
　만석동으로 화수동으로 월미도로….
　맥아더 장군이 굽어보는 바다, 파도는 그날의 병사들처럼
　검은 개펄을 달려와 먼 바다의 꿈을 쏟아 놓는다.

바람의 소리

해가 긴 6월의 해 질 녘 바람도 지쳤는지, 들길을 걸어오며 겨우, 나무 그림자나 살랑살랑 흔들면서 내 이름을 부른다 더위에 지친 저 바람 소리, 하루 종일 봇짐장사하시다가 지친 몸 이끌고 들길을 건너오시는 어머니의 소리다 분명히 어머니의 소리다 나를 부르시는, 나는 해 질 녘이면 언제나 장사 나가셨다 돌아오시는 어머니를 기다렸다 그때마다 나무 그림자를 흔들며 불어오는 바람이 "내 자식 배고프지?"라고, 가느다란 소리가 물었고, 나무 그림자도 제 집으로 가버린 어둘 녘이면, 저쪽 들길에서 어머니는 어둡게 걸어오셨다 캄캄한 어둠의 덩어리로 걸어오셨다 지금은 하늘나라에 계신 어머니, 내가 부르는 것은 산천이요, 땅에 깔린 어둠뿐이다 그래도 어머니는 내 곁을 떠나지 않으시고, 해 질 녘이면 바람결로 내 얼굴 어루만지시며 "주름살이 또 생겼구나" 하시기도 하고, "때 거르지 말거라" 하시기도 하며, 내 옷자락에 먼지를 털어 주시기도 하신다.

귀농

 빛과 물을 섞어 흙을 버무리면 산비둘기 날아와 한입 물고, 고라니도 찾아와 씨앗을 묻는다 봄볕이 따뜻한 입김을 불어 주고, 봄바람이 새싹의 눈을 열어 준다 나 혼자 땀 흘리며 땅을 판 게 아니다 새잎이 돋기 전에 입김을 불어넣은 논과 밭, 하늘에서 내리는 축복의 환한 햇살이, 파릇한 새싹의 소망을 키워 주고, 꽃샘바람의 매운 손길이, 단단한 줄기의 의지를 키워 주고, 나는 땅을 파고 흙을 버무렸을 뿐이다 햇빛과 바람이 잎과 줄기를 키우고 때맞추어 내려 주는 단비를 받아 마시며, 농작물은 스스로 생명의 집을 지은 것이다 귀농은 햇빛과 바람과 사귀는 일이다.

나는 이렇게 살았다

하얀 갈대꽃이 그리움으로
가슴에 치밀어 오를 때까지
나는 뛰었다

아무 소득도 없는
외로운 길에서

내 아버지를
끝내 부르지 못하고

내 어머니를
끝내 보내 드리고

내 육신의 일부를
발라내어 쓰라린 상처가
내보일 때까지

하늘에서 나를 부를 때까지
내 가정을 지키며

나는 행복의 노래를 부르며
살았다고 말할 것이다.

연어들의 바다

 연어들의 바다를 보는 것은 어머니의 바다를 엿보는 것이다. 어머니의 바다는 전쟁의 피난민, 사나운 파도와 싸우며 어린 자식들을 키워 낸 삶의 승리자, 연어들은 사나운 바다에서 살아남은 자만이 산란을 위해 강줄기 거슬러 오를 수가 있다.

 연어들의 바다, 벌거숭이 연어, 연어는 반백 년 이전의 어린 시절 놀던 바다를 기억하고 있을까. 1950년대, 1960년대 초·중반까지 모두가 벌거숭이, 산이나 들도 사람들도 앞을 가릴 것이 없는 모두가 벌거숭이, 산과 들은 땔나무로 벌거숭이가 되었고, 사람들은 제대로 먹지 못해 모두가 **빼빼**, 비대한 사람들이 선망의 대상,

 나는 그때 유년 시절, 뼈대를 늘리던 시절, 웃옷을 입지 않고 활보하는 사람들과 같이 합류하였고, 시골 아이들은 신을 신지 않고 다니기가 일쑤, 목욕 세탁을 제때 하지 못해 온몸에 땟국이 흘러 초등학교에서는 신체검사를 가끔 하기도,

중학교 다닐 때에도 양말 속옷을 제대로 챙기지 못할 때가 있었지. 제때 빨래를 못하거나 맨발, 찢어진 속옷을 입고 다니기도 했지.

　겨울에는 검은 물감을 들인 솜바지 저고리를 입고 다니던 기억, 얼음판에서 놀다가 얼음이 깨어져서 곤쟁이 잡았다고 울기도 했지. 불장난하다가 솜바지에 불이 붙어 놀란 가슴을 쓸어내리기도 했지. 추위, 배고픔으로 가난을 동냥하던 피난 시절, 나는 그렇게 울며 그때 그 여름 그리고 겨울을 보내고 있었지. 내 인생의 봄 여름 가을 겨울 중 봄, 가을은 거의 기억이 가물가물하고, 살을 에는 칼바람 추위, 앉으나 서나 배고픈 겨울뿐이었어. 차라리 더운 여름 벌거벗고 살았지.

불효불충 不孝不忠

 한 번도 입에 담기 싫은 불효, 대죄, 이제라도 용서를 빌고 싶다.
 그 생각을 떠올리면 아직도 가슴이 두근두근, 그래도 수진이의 도움으로 용서를 빌어야만 될 것 같아. 수진이는 도와줄 수 있지. 그 선생님이 살아 계신다면, 수진이가 함께 만나서 사죄할 시간을 허락해 주겠어.

 첫 번째 시련.
 1961년 9월경 초등학교 6학년, 그 당시 나는 학급 반장이었어. 다음 해엔 중학교 진학을 해야 되는 중요한 해였지. 나는 그때 학교가 싫어진 거야. 연약한 젊은 어머니가 성냥 장사 행상으로 고생하시면서 나를 학교에 보내는 것이 안타까워 나는 그만 그릇된 생각을 하게 된 거지. 학업을 포기하고 차라리 돈을 벌기로 한 거지. 아마 그건 내 인생 일대의 너무 큰 잘못을 저지른 거야. 하여간 학교에 한 달간 안 나가고 산으로 들로 방황하다가 어느 날 우연히 윌리엄 셰익스피어 전기를 읽고서 정규학교를 안 나가도 훌륭한 극작가가 될 수 있다는 꿈을 실현할 수 있을 것으로 믿게 된 거지. 그리고 학교에 가라는 어머니 말씀을 거역하고 어머니 가슴에 못을 박은 거야. 나는 학교에 가서 교실에 들어가지 못하고 교실 밑바닥에서 책을 보다가 잠이 들어 저녁 늦게 집에 들어서니 강광형 담임선생님께서 따뜻한 포옹을 해 주셨으며, 어머니는 옆에서 뜨거운 눈물을 흘리고 계셨어.

두 번째 시련.
고등학교 2학년 때, 다시 위기가 찾아온 거야. 학업을 포기하고 싶은 마음이 일기 시작했지. 그때도 학급 반장을 하고 있을 때였어. 학교에 다니기가 너무 힘들었을 때였어. 어머니가 장사 가셨다가 많이 다치셔서 장사를 못 나가신 거야. 나는 그 길로 학교를 가기가 싫은 거야. 어린 마음에 다른 도시 아이들에 비해서 너무 비참하여 자퇴를 결심했는데, 유영남 담임선생님께서 가정교사를 하면 어떠냐고 제안하셨지. 그것도 인천시장 막내아들 중2였어. 그 고마우신 선생님은 교직을 그만두시고 미국으로 이민 가셨어. 늘 나는 은사님의 덕으로 지금 이 자리에서 살아가고 있지.

부록 소중한 메일

- 수진이 아빠 박준혁
- 시인의 장녀 박준아
- 수진이 조모 최희순
- 수진이 친조부 박현구
- 시인의 장남 박준규
- 자영업자 최광빈
- 연극배우 신석호
- 정시루 떡집 이정근
- 회사원 윤희철
- 광주은행 센터장 이은상
- 회사원 윤춘식

수진이와 할아버지가 함께 책을 낸다는 것에 많이 놀랐습니다.

이번 기회를 통해 수진이의 생각이 더욱 성숙해지고 마음이 자라났으면 좋겠습니다.

좋은 기회를 제공해 주시고, 많은 관심과 사랑을 기울여 주신 작은아버지께도 감사 말씀 전합니다. 수진이와 작은할아버지의 책이 오래오래 간직되어 좋은 추억이 되었으면 좋겠습니다.

―수진이 아빠 박준혁

우리 시대 아버지, 어머니 혹은 할아버지, 할머니의 추억이 생각난다.

시집 『수진아, 나 어떻게 해』는 마치 영화 '국제시장'에 등장하는 아버지, 어머니처럼 그 시대 아픔과 슬픔을 가졌지만 세월이 흘러 옛 모습을 떠올리며 편안하게 웃음 짓는 모습과 같다.

또한 시집에서는 옛이야기를 편안하게 손녀에게 들려주듯이 얘기하고 있다.

그 얘기를 듣고 있으면 나도 모르게 웃음 짓게 만든다. 각박한 시대에 살고 있는 우리에게 한번쯤 추억을 느껴 볼 수 있는 시집 『수진아, 나 어떻게 해』를 추천한다.

―시인의 장녀 박준아

수진아 너는 어려서부터 글을 잘 썼단다. 한글을 익히면서 어린이집에 다닐 때 조그마한 게 얼마나 글을 잘 쓰는지 할머니는 수진이가 자라서 문학에 관심을 가질 거라고 생각했단다. 작은할아버지와 같이 글을 쓴다니 대단하구나. 박수진 파이팅.

─수진이 조모 최희순

사랑하는 자랑스런 손녀!

고운 꿈이 모란꽃처럼 아름답게 피어나는 손녀의 발전을 응원한다.

혼자서도 학업의 진리를 터득하고 학습을 탐구해 가며 학우들을 정답게 리드해 가는 손녀가 자랑스럽다. 선행과 따듯한 심성으로 성장해 가는 손녀를 할아버지는 사랑한다.

꼭 희망하는 꿈이 황금 물결치는 들녘에 벼 이삭처럼 잘 영글어 가길 할아버지는 늘 축원하며 늘 응원하고 있단다.

2015년 8월 24일 할아버지 마음을 심어 응원한다.

─수진이 친조부 박현구

아버지…. 제가 도움이 못 되어 드리고 철없이 행동하더라도 항상 응원해 주셔서 감사합니다.

항상 열정 가득, 열심히 사시는 모습 보면서 힘내

고 열심히 살고 있습니다.

　　　　　　　　　　　　—시인의 장남 박준규

　밤하늘의 별들을 보며 시인 당사자에게 떠오르는 옛 추억들과 운명으로 다가온 지금의 연에 대한 감정이 절묘하게 뒤섞여 있음을 느낄 수가 있었습니다.

　　　　　　　　　　—최광빈(김포시 자영업자)

　제가 태어나고 자라던 시간과 일치하지는 않지만 한순간 풋풋했던 나의 중고등 시절이 떠올라 미소 짓고 한순간 사랑의 기억들이 떠올라 설레었고, 또 한순간 알 수 없는 먹먹함이 가슴을 치며 무엇인가를 그리워하고 철없던 제 자신의 과거를 반성하게 되는 글들이었습니다.

　　　　　　　　　　　　　—신석호(연극배우)

　시집 잘 읽었습니다. 시집을 읽으면 늘 느끼는 것이지만 너무 따뜻하고 공감가는 시상과 문구들 정감 있게 잘 읽고 있습니다. 특히 작품 속 꽃과 별 그리고 빛이 어려운 상황에서도 희망과 꿈을 잃지 말아야 한다는 시인의 뜻이 너무나 가슴에 와 닿았습니다. 행복하세요. 시인님~.

　　　　　　　　　　—이정근(정시루 떡집)

그 시절 책가방에 항상 있던 도시락이란 단어와 그 시절 생각에 아련해집니다.

어머니 손맛과 사랑이 있던 도시락, 어린 시절 추억이 생각나네요.

―윤희철(회사원)

향기로운 차를 한잔 마신 것처럼 입안에, 그리고 마음속에 향긋한 꽃내음이 가득하게 만들어 주네요. 그 꽃내음이 달아날까 마냥 아쉬워 다시금 다시금 꽃향기를 찾아 시를 읽어 봅니다.

―이은상(광주은행 센터장)

사랑하는 중2 손녀를 바라보며, 시인의 살아온 날에 대한 회한과 격정, 감동 등이 시의 구절에 녹아 있어 감동적이었습니다. 시를 한 구절 한 구절 읽으면서 내가 중2의 나이 때는 무슨 생각을 했을까, 지금은 또 얼마나 변하였는가 하고 내 자신을 뒤돌아보는 좋은 계기였다고 생각합니다. 시인의 시에 묻혀 있는 잊혀 가는 추억들이 가슴속에 와 닿아 현실의 내가 살아가야 하는 방향을 다시 한 번 되짚어 보고 다짐도 하게 되는 시간이었습니다. 시인의 시 〈내 가슴에 숨은 별〉 중 "내 가슴에 숨은 별,/ 난 그 별을 사랑하기로 했다", 이 구절이 가슴에 깊이 다가옵니다. 내가 살아온 날들의 수많은 추억, 과오, 인연 등 모든 것들이 내가 살아가는 일부분이 되었기에 그 모든 것들을 깊이 간직하여 더 사랑하고 더 반성하며 살아갈 것을 다짐하게 되었습니다.

―윤춘식(회사원)

수진아,
나 어떻게 해

발행 | 2015년 11월 6일
지은이 | 박현조
펴낸이 | 김명덕
펴낸곳 | 한강출판사
홈페이지 | www.mhspace.co.kr
등록 | 1988년 1월 15일(제8-39호)
주소 | 서울시 종로구 인사동길 5, 408(인사동, 파고다빌딩)
전화 735-4257, 734-4283 팩스 739-4285

값 10,000원

ISBN 978-89-5794-313-7 04810
    978-89-88440-00-1 (세트)

※저자와의 협약에 의해 인지는 생략합니다.
※이 도서의 국립중앙도서관 출판예정도서목록(CIP)은 서지정보
 유통지원시스템 홈페이지(http://seoji.nl.go.kr)와 국가자료공
 동목록시스템(http://www.nl.go.kr/kolisnet)에서 이용하실 수
 있습니다.(CIP제어번호: CIP2015029551)